DATE DUE

MAR 24 2004 *BD*	NOV 25 2008
MAR 30 2004 *3M*	NOV 27 2008
APR 22 2004 *3K*	OCT 8 2009
FEB 15 2005 *3M*	NOV 5 2009
MAR 22 2005 *3B*	NOV 17 2009
APR 26 2006 *3MC*	
NOV 24 2006	
FEB 20 2007 *4B*	DEC 4 2009
MAR 8 2007 *KW*	DEC 18 2009
MAY 18 2007 *3K*	
NOV 8 2007	SEP 23 2010
MAY 8 2008	FEB 24 2011

19909233   BC 30981

Bulldog Bats (The Library of Bats)

Emily Raabe
AR B.L.: 4.6
Points: 0.5   MG
Quiz 63464